ARCO-ÍRIS LUNAR

Luciana Gualda

ARCO-ÍRIS LUNAR

Contos de pessoas, lugares e acontecimentos

Copyright © 2018 de Luciana Gualda
Todos os direitos desta edição reservados à Editora Labrador.

Coordenação editorial
Diana Szylit

Projeto gráfico, diagramação e capa
Felipe Rosa

Revisão
Bonie Santos
Daniela Iwamoto

Imagem da capa
Luciana Gualda

Dados Internacionais de Catalogação na Publicação (CIP)
Andreia de Almeida CRB-8/7889

Gualda, Luciana, 1970-
  Arco-íris lunar : Contos de pessoas, lugares e acontecimentos / Luciana Gualda. -- São Paulo : Labrador, 2018.
  86 p.

  ISBN 978-85-87740-20-5

  1. Gualda, Luciana, 1970- Memória autobiográfica I. Título.

  18-1600   CDD 920

Índice para catálogo sistemático:
1. Memória autobiográfica

Editora Labrador
Diretor editorial: Daniel Pinsky
Rua Dr. José Elias, 520 – Alto da Lapa
05083-030 – São Paulo – SP
Telefone: +55 (11) 3641-7446
contato@editoralabrador.com.br
www.editoralabrador.com.br

A reprodução de qualquer parte desta obra é ilegal e configura uma apropriação indevida dos direitos intelectuais e patrimoniais da autora.

A editora não é responsável pelo conteúdo deste livro.
A autora conhece os fatos narrados, pelos quais é responsável, assim como se responsabiliza pelos juízos emitidos.

Para Laura.

Sumário

Prefácio 9
Introdução 10
Estrada 12
Cibele 17
Escola 21
Música 23
Mais música 25
Lenda 28
Finais de ano 30
Destino 33
Arco-íris lunar 35
Paella 41
Plantio e colheita 43
Bolívia 47
Várias Espanhas 50
Rússia 53
O mau Brasil 57
Paródia 59
De quem é a culpa? 60
Douglas 62
Um mundo doente 64
Obediência 65
Cartas 68
Fragmentos 69
Inconfidências 71
Aventura 73
Avião 75
Nomes 77
Desconhecidos 80
Música em Glasgow 81

Prefácio

Zorobabel teria dito que não o vinho, nem os poderosos, mas as mulheres são fortes, porque elas dão à luz os poderosos. Ainda assim, a coisa mais forte do mundo é a verdade.

Percebo agora, ao escrever este prefácio, que não foram os anos de convivência profissional e pessoal com a autora, nem sua inteligência fina, nem seu humor raro, nem seu apoio e sua audácia de mulher, no ramo árido da advocacia, que capturaram a minha (e não só a minha) admiração.

Foi a sua incrível coragem de dizer a verdade.

Criando suas próprias sendas, com sua verdade sempre em punho, a autora já percorreu tanto, já rodou mundo.

Os caminhos estarão sempre abertos a ela. E meu coração também.

Márcia Martins

Introdução

A vida é tão rica, tão rica que daria o melhor livro. As histórias mais interessantes são aquelas de verdade, em que qualquer pessoa poderia se encaixar.

Parece-nos tão curta quanto as férias e tão plena quanto o mundo, a vida real. Somos sete bilhões de humanos neste planeta (se eu demorar muito, seremos oito bi). Escrever sobre uma ínfima parte já renderia muito!

Deixei as experiências me tocarem e me transformarem. Lugares geográficos ou emocionais, livros escritos ou contados, filmes, acontecimentos. Pessoas boas. Pessoas.

Somos o que o tempo nos faz.

Desde o último registro que escrevi, passaram-se alguns anos. Muito ou pouco, depende do referencial. Creio que, à medida que envelhecemos, temos pressa de observar e viver.

Tenho pressa de deixar minha contribuição.

Ora falo por mim, ora uso as terceiras pessoas, ou as quartas, as quintas. Sempre pessoas.

Conheci muita gente. Não viajei tanto quanto gostaria em cinco anos. Apurei meu senso crítico. Talvez tenha apurado demais e já me tornado uma velha ranzinza, mas tentei mesmo isso fazer com bom senso.

É verdade: nesses anos, perdemos o direito de falar "velho". Só podemos ser idosos. Procurei me adaptar e aprender, aprender, aprender até poder ensinar.

Vi o arco-íris lunar.

Continuo acreditando que aprendemos mais pela dor do que pelo amor. Passei pela dor da transformação. Vi a beleza dos caminhos.

Meus textos são de autoajuda, no sentido literal. Ajudam a mim mesma. Para não me sentir tão egoísta, registro e compartilho, sem pudor nem rigor. Falo de mim e de outros, na esperança de poder ajudar a enxergar, escutar, entender, pensar. Em tempos de *smartphones* e comunicação via redes sociais, pensar tem sido um luxo.

Trago o que vivi, escrevo o que pensei.

Entre uma experiência e outra, tomo a liberdade de me lembrar de coisas que aprendi com pessoas importantes. Com alguma referência, mas sempre entre aspas, porque não posso precisar a origem de tanta sabedoria.

Contos, artigos, reflexões.

Rascunhos e cicatrizes.

Estrada

Durante os poucos segundos do acidente, senti mais medo do que provavelmente em toda a minha vida. Ocorreu-me me segurar firme às laterais do carro, trazer as pernas para perto do corpo, tudo isso enquanto segurava também a cabeça da Laura, minha filha. Não daria tempo de explicar para ela o que fazer. Senti a primeira pancada forte no meu braço direito e pensei que tudo bem, doeu, mas passou. Depois, um golpe seco do lado esquerdo, que percebi ter quebrado minha perna. Meu braço esquerdo agora doía também, de repente meu pé direito – e o carro não parava de rodar. Eu pensava: "se eu continuar segurando desse jeito, vou arrancar a cabeça dela". A última pancada veio na minha própria cabeça. Foi o que mais doeu e eu, então, pensei: "Acidente grave, não consigo mais, não sei o que falta acontecer, dor, muita dor, não controlamos nada. Deus, se tiver tempo, me ajude".

Filme rápido, intenso e confuso na minha mente.

Quando finalmente paramos, já tinha uma pessoa ao lado do carro. Um homem viu o acidente e veio socorrer, nem cheguei a saber o nome dele, mas pedi que ele chamasse meu número de emergência e o resgate. Minha perna estava quebrada, minha cabeça sangrava e eu ia desmaiar.

Não faço ideia do que se passou nos minutos em que fiquei desacordada. Lembro-me de ter visto o motorista do táxi procurando o celular – o imbecil (que dormira ao volante e provocara o acidente) nem parecia saber o que havia acontecido –, Laura gritando que eu estava morta e que nosso número de emergência não atendia quando o homem que estava nos ajudando ligava.

Quando recobrei a consciência, liguei novamente do meu próprio celular e informei: sofremos um acidente grave, chamaram o resgate, você pode vir acudir? Estou apavorada. Fale com a Laura, que está em melhores condições.

Daí, pensei no motorista do outro carro envolvido. Era um menino, habilitado para dirigir havia pouco mais de uma semana, devia estar mais apavorado que eu. Não acontecera nada com ele e eu pedi que, então, ele me ajudasse a cuidar da minha filha. Claro que ele não entendeu e, depois que eu conheci a mãe dele, percebi que ele nunca vai saber o significado do que eu lhe pedi.

Pedi ainda que alguém segurasse minha mão até o resgate chegar, o que levou poucos minutos, e, então, meus pensamentos começaram a voar.

Fui mexendo as partes do corpo. Sentia algo escorrendo pelo meu cabelo, mexi o pescoço e as pernas. Doíam, mas imaginei ser um bom sinal. Pelo menos eu sentia. Meu pé direito estava preso nas ferragens do banco dianteiro, que havia sido empurrado para trás com a batida no poste, que caíra em cima do carro, atingindo em cheio minha cabeça.

Droga. Minhas lindas férias, minha viagem maravilhosa, tudo comprometido ali, naquele taxi que eu pegara para ir do aeroporto de Guarulhos até minha casa. Além de tudo, sentia raiva.

Eu sempre pensei, quando via outros acidentes, no alívio que as vítimas deviam sentir quando chegavam os socorristas. Agora eu sabia. Quando eles chegam, tudo sai das nossas mãos e passa para as deles. Ouvimos suas instruções, tentamos colaborar, mas são eles que determinam o rumo das coisas.

Cortaram a porta do carro e os ferros que me prendiam como se fossem alface. Despenquei no colo de alguém, já na maca e com o colar cervical, que não sei por onde enfiaram. Uma vez na ambulância, achei que ia vomitar; eles me viraram de lado e felizmente desisti. Mais tarde eu morreria de vergonha se tivesse vomitado no pé do anjo.

O percurso até o pronto-socorro da região foi curto, de alguma forma eu me sentia bem por estar inteira e parecia que ia dar para consertar tudo. Eu já tinha percebido que meus olhos, meus braços e minhas pernas estavam preservados. Já tinham visto que o que escorria da minha cabeça era só água do teto do carro, porque havia chovido. Faltava só minha barriga. Eu levara uma pancada no abdômen que tinha me quebrado duas costelas. Já estava roxo e não dava para saber o que tinha acontecido com meu fígado, ou meu baço, ou sei lá o que mais vai dentro da barriga. Dor, muita dor.

A Laura foi atendida pela pediatra em outro prédio. Eu, apavorada de novo, pedi ao paramédico que tinha ficado por perto para acompanhá-la, não a deixar sozinha de jeito nenhum. Eu nem sabia se ele podia fazer isso, mas o fato é que fez, e mais tarde a trouxe de volta pela mão, confirmando que ela estava bem. Só havia um curativo no rosto, por conta de um pequeno corte que lhe deixaria uma cicatriz por toda a vida. Mas ela estava bem.

Alguém viu que eu tinha sangue na perna direita do meu jeans e constataram que eu tinha um corte fundo na perna, que logo foi remendado. Não sei quem o fez, mas devia ser um profissional e tanto. Lembro-me de ter pedido: "gosto tanto de vestidinhos, por favor, arrume minha perna". E ele suturou com esmero.

Eu continuava deitada, imobilizada, até que as radiografias, tomografias e ultrassonografias fossem feitas. Eu parecia bem quebrada e, quando fui transferida para os exames, fiquei sozinha por algum tempo na ambulância e me dei conta de que o destino devia estar me desafiando. Chorei, com o pressentimento de que as coisas não seriam fáceis.

Tive a perna esquerda engessada até a virilha pelas oito semanas seguintes. Oito semanas são dois meses, pensei; como assim, dois meses presa?

Depois que Laura foi levada para casa, fiquei algumas horas sozinha na observação, oportunamente deixada para fazer terapia comigo mesma.

O sangue esfriou e eu tive a chance de pensar na viagem terminada em infortúnio, nas dificuldades que eu enfrentaria, nas cicatrizes, no trabalho comprometido, na logística da minha vida. Tornei a lembrar do mestre Joaquim e seu discurso de liberdade. Como eu queria que ele estivesse vivo para eu lhe agradecer pessoalmente, em voz alta, por suas lições. Espero que Santo Ivo lhe transmita meus recados.

Depois da dor, veio ainda a incompreensão, a sensação de injustiça, de que aquilo não podia estar acontecendo. Mas estava. E já não havia nada que eu pudesse fazer. Uma vez em casa, nem entrar nela eu podia sem ajuda. Não conseguia ir ao banheiro, não conseguia nem sequer me virar na cama para dormir. Claro que eu não ia dormir, apesar do esgotamento depois de tanta atividade nas vinte e quatro horas que tinham se passado desde que saíramos de Milão.

Então o medo. Como vai ficar minha perna depois de oito semanas neste casulo? Minhas costelas nunca mais vão parar de doer? Eu vou conseguir trabalhar ou minha cabeça vai ficar vazia, cheia apenas de espaços para o escuro e o inútil? A noite foi longa, muito longa.

Na manhã seguinte, delegacia, burocracia, exames, aluguel de muletas, remédios. Avisei a equipe do meu trabalho, onde eu estava havia pouco tempo, e ninguém se importou muito, além da preocupação de terem mais problemas sem dono. Meu número de emergência ficou ao meu lado durante esse tempo, mesmo quando tudo o que eu tinha era vontade de chorar.

Por muitos dias, aliás, eu só chorava, de dor emocional, de me ver ridícula numa fantasia de múmia, passando sozinha por pesadelos com águas fundas, florestas escuras e ursos grandes. Entre carinho e dor, observava que estamos sempre prontos para desfrutar das alegrias e das facilidades, mas nunca para enfrentar os solavancos dos trajetos que nem sempre somos nós que escolhemos. Sem liberdade de movimentos, soltei os pensamentos. Passei a buscar minhas reservas sempre tão mal alimentadas de paciência. Meu amigo do coração, Jairo, contou-me sobre um amigo em comum que, após um acidente de moto, ficara em condição parecida com a minha e que, após quatro meses, estava novo em folha.

Perdi passeios, eventos, almoços, encontros. Ainda não sabia que ganharia coisas em troca. Muitos amigos vieram me visitar e trazer solidariedade e certeza de que estariam me esperando para os próximos passeios, eventos, almoços, encontros. Alguns não vieram e eu tive que me lembrar de que todos nós temos escolhas e razões, inclusive eu mesma.

Mesmo consciente de que nada é indestrutível, eu literalmente sentia na carne a minha fragilidade e, quando tudo o que eu tinha era gesso na perna e costelas quebradas, fui obrigada a olhar para o futuro e ver que só restava esperá-lo, calma e resilientemente. Fui buscando lições do passado para me ajudar nessa tarefa.

Doía tanto e eu precisava de respostas. Ficava buscando minhas verdades inegociáveis enquanto os mais desavisados me diziam que algumas perguntas não existem. Pois eu ousei fazer todas e me preparar para as sequelas que enfrentaria, para a pessoa em que me transformaria.

Queria aproveitar a dor dessa passagem para praticar a solidão, pois, na fartura, nunca estamos sozinhos.

Cibele

Das muitas pessoas que passam pelas nossas vidas, claro que algumas marcam mais que outras, pelo bem ou pelo mal.

Não sei por que diabos (talvez pelo próprio diabo), depois do acidente, lembrei-me muito da Cibele, vinda lá do passado, muito passado, para me trazer algumas interpretações. Século XX. Década de 1980.

Essa menina frequentou a mesma escola que eu por vários anos. Éramos apenas crianças, mas ela, com seu cabelo sempre meio sujo e suas roupas malcheirosas, era a representação do problema. Era agressiva, barulhenta, tacanha em todos os sentidos e me dava a impressão de que só ia à escola porque a própria mãe não a suportava em casa.

Hoje, creio que talvez ela nem tivesse mãe e, de verdade, nem sei se ela tinha casa, e é possível que fosse à escola pela merenda, não pela formação. Mas o fato é que eu tinha aversão a ela e procurava mantê-la bem longe de mim, o que, um belo dia, causou justamente o efeito contrário: eu era a única em quem ela ainda não tinha batido e, portanto, ela resolveu que ia "me pegar na saída". Isso era bem comum na época e ninguém chamava de *bullying*. Era apenas a infância na sua tradução mais rudimentar.

Assim, instalou-se o clima de competição. Ela era "do mal" e eu era uma banana. Ela ia me massacrar. Quando ela escolhia uma vítima, a escolhida ia chorando para casa. E naquele dia seria minha vez.

Eu morava ao sul da escola, a meio caminho justamente da casa da Cibele. Os meus amigos mais próximos moravam ao norte e, mesmo que assim não fosse, ninguém ia me ajudar. Pensei em pedir para a diretora me deixar sair pelo portão de baixo, mas isso era tão fora das regras que ela nem ia considerar. Ainda não era época de pensar em inovação. Quando bateu o sinal, eu estava ferrada. Saí o mais depressa possível, porque, como Cibele era popular (já naquela época o mal era mais divertido que o bem), talvez perdesse algum tempo fazendo seus conchavos e, então, se eu corresse, estaria livre, pelo menos até o dia seguinte. Com sorte, quem sabe entre o hoje e o amanhã ela seria abduzida por homenzinhos verdes numa nave.

Atravessei o portão (de cima) feito um torpedo. Quando já estava no meio do quarteirão, quase salva, ouvi algum traidor – sempre tem um – dizer "olha ela lá". Congelei como um humano qualquer faria enquanto a fedorenta se aproximava. Dadas as minhas parcas opções, virei para trás com minha malinha e, antes mesmo de pensar, de olhar nos olhos dela ou falar alguma bobagem covarde, dei com a tal malinha na cara dela. Com o impacto inesperado, ela bateu a cabeça no muro de pedregulhos, rústico, de escola pública e, de repente, Davi vencia Golias e Cibele estava caída no chão até meio chorando, para espanto de todos os seus asseclas.

Como eu não esperava nenhuma glória mesmo, aproveitei essa pausa e saí correndo ainda mais rápido do que fizera antes. Não só eu batera na Cibele como sobrevivera a ela sem nenhum arranhão sequer.

Isso me atrasou cinco minutos e, quando cheguei em casa, minha mãe percebeu que algo estava errado. Em poucos minutos, como só as mães sabem fazer, ela já havia me obrigado a contar o que acontecera.

Visando me proteger e acalmar os ânimos de toda a turma, resolveu me levar de carro até a escola no dia seguinte. Hoje, que sou mãe, eu entendo; mas naquele tempo isso representava muita humilhação para uma criança que, afinal, era vitoriosa.

Para piorar, ainda tive o infortúnio de encontrar, saindo de casa, a própria Cibele (eu morava no caminho dela, lembra?

E ela não tinha sido abduzida), a quem minha mãe ofereceu carona e deu alguns conselhos pelo caminho de apenas três quarteirões, mas que consumiu horas dentro do meu coraçãozinho.

No fim, a petiz malcheirosa acabou por nunca mais me importunar.

Acho que pensou, com tudo aquilo, que eu era dotada de poderes sobrenaturais. Todo mundo na escola, aliás, me olhou diferente naquele dia. Ninguém reparou que eu tinha um palmo a mais que a altura da Cibele e pelo menos dez quilos a mais que ela. Qualquer um que a enfrentasse nessas condições levaria a melhor, mas só eu, em vários anos, o fiz.

Não cheguei a virar heroína e o episódio não teve outros desdobramentos. Com o tempo, fui criando outras amizades, outros interesses vieram e até no time de vôlei acabei entrando, para aquele que seria o primeiro indício de que eu não nascera para os esportes.

"Se estiver no inferno, abrace o capeta", como diria Jeferson Sabbag.

Escola

Num belo dia, Cibele já esquecida há muito, estava eu, bela e formosa, no meu grupinho da Educação Física, só esperando a professora me chamar para integrar o time. Quando enfim aconteceu, levantei do banco correndo e fui pular a corda que segurava a rede. Calculei mal, meti o tênis na beirada da corda e caí de peito (não de cara) no chão de cimento rústico. Feliz, infeliz ou instintivamente, botei as duas mãos à frente antes de cair e agora lá estava eu com a mão esquerda arranhada e sem a polpa da palma da mão direita.

Aquela carninha que fica entre o polegar e o pulso ficou toda no chão, para meu horror e das outras crianças que riram no primeiro momento e choraram logo no segundo, juntando-se a mim.

A professora, tão rústica quanto o cimento que me atacara, mandou-me levantar e parar de firula ou eu seria substituída antes mesmo de entrar no jogo. Dessa vez, todo mundo queria me ajudar, porque provavelmente eu seria dispensada e no meio da confusão outras crianças poderiam matar o resto da aula sob o manto da solidariedade.

Não me lembro o que realmente passou pela minha cabeça, mas, em vez de ir embora para casa, tomar um copo de leite e deixar minha mãe resolver o problema, bati numa casa em frente à escola e pedi ajuda à mulher que abriu a porta. Ela se comoveu, me deu um copo d'água com açúcar e me jogou um pouco de sulfa em ambas as mãos. A que estava mais machucada ardeu tanto que eu esqueci da outra. Aquele dia estava perdido em desastre e fui-me embora, já sem ninguém por perto.

Durante meu ciclo na escola pública, aprendi coisas boas (que me garantiram um lugar na faculdade) e coisas ainda melhores, como enfrentar, correr, pensar e bater para não apanhar.

Aprendi que, se a gente não se cuidar, ninguém cuida da gente.

Uma pena que hoje, sob nomes bonitos, estejamos criando regras para proteger todo mundo das Cibeles e de outras rusticidades, formando assim hordas de perigosos covardes e inaptos.

Música

Na mesma escola em que conheci Cibele, para provar que tudo se equilibra, tive um amigo que se chamava Fábio. Ele gostava de música tanto quanto eu e passávamos horas buscando músicas nas rádios FM, em lojas de discos, nas fitas cassete de um e de outro. Éramos muito ligados por isso e tínhamos conversas sobre tudo e todos, principalmente sobre como eram loucos aqueles que não gostavam dessa arte.

Um dia, nossa professora de Educação Artística, que eu odiava (a matéria, não a professora), propôs que fizéssemos um grupo de música, um tipo de *playback* caseiro, no qual escolheríamos uma canção, escreveríamos a letra, cada um com a caligrafia que quisesse, e cantaríamos em grupo, bem bonitinhos.

Foi um agito geral, cada um queria uma coisa, lembro que até tapa saiu antes de finalmente escolhermos uma música e que, claro, Fábio se encarregou de providenciar a gravação que seria nossa base para a cantoria.

Logo nos primeiros ensaios, ficou claro que alguns não tinham o menor pendão para a coisa. Uns eram desafinados, outros erravam a letra, outros nem sabiam o que estava acontecendo e eram sempre alvo de piadas; começava sempre, então, a desordem.

Numa dessas pendengas, a professora parou a música. Nos aparelhos da época, era preciso primeiro apertar a tecla *stop* para depois desligar. Ela desobedeceu a essa ordem e ouviu-se o barulho que só os aficionados entendiam, um *"schwincrst"* característico de fita que ia engripar. Fábio deu um grito de dor que parecia ter levado um tiro. Eu, que compartilhava da mania, quase engoli a língua de apreensão e pena. A professora mal entendeu aquela histeria e, impassível ao nosso sofrimento, deu a bronca protocolar na sala e tudo continuou normalmente. A fita não engripou e nós sobrevivemos, ainda que com um ódio figadal repentino da professora com quem tanto nos divertíamos.

Éramos felizes quando tínhamos uma fita para gravar e, se fosse uma de cromo, então, a felicidade era tanta que ligávamos uns aos outros para contar. Eu nem sabia o que significava o tal cromo na época, mas cobiçava também. Curioso que, alguns anos mais tarde, fui estagiar na BASF e passei a ter tantas fitas quantas quisesse. A embalagem delas também fazia diferença e aquelas de estilo *premium* eram prateadas, lindas.

Seguimos com nosso gosto por "um som" por toda a vida. Perdi contato com Fábio, mas a música sempre ocupou meus espaços. Eu frequentava uma loja de departamentos da cidade, onde comprava os mais tradicionais, e uma *underground*, numa galeria obscura do centro, que se chamava Rocker e me apresentou Scorpions, Whitesnake, The Mission, Depeche Mode e outros amores do rock internacional.

Tive, por bastante tempo, uma coleção de discos de vinil, sempre tocando num aparelho que era meu altar.

Nas capas, vinham sempre fotos incríveis, dos músicos, de suas turnês. De coisas que nada tinham a ver com o disco. De coisas que tinham tudo a ver. Alguns tinham também um encarte com as letras das músicas e isso os tornava preciosos porque, na época, não existia o Google para ajudar. Se nosso domínio do inglês não se provasse, perderíamos a principal parte.

Esses encartes eram cultuados e debatidos nas rodinhas de amigos como se fossem o assunto de toda uma geração. De fato, eram. Tive sorte de ser jovem durante os anos que hoje chamo de "meu tempo".

Mais música

Já na faculdade, fui observando que os vinis e toca-discos estavam obsoletos, mas eu não tinha dinheiro para trocar tudo pelos novos *compact discs*.

Acabei vendendo todos os meus discos numa feira na Praça da República e alguns nunca foram substituídos pelos tais CDs porque ou as bandas eram ruins mesmo, ou velhas demais, ou foram surgindo outras formas, legais ou ilegais, de conseguir música.

Durante toda a minha jornada de estudante, eu ouvia Klaus Meine em altíssimo volume, sempre perto da minha orelha. Ele tinha (e tem) uma voz característica, um pouco esganiçada, embora suave para um roqueiro. Um sotaque lindo de alemão falando inglês perfeitamente. Talvez Klaus tenha sido meu primeiro amor.

Algumas gravações em fitas cassete feitas por amigos importantes guardei comigo para a vida, sem nunca mais reproduzi--las, claro. Meu primeiro CD, do Phil Collins, que tocava meu coração com *One More Night*, ocupou espaço por muito tempo junto com outros tantos, alguns garimpados em lojas fora do Brasil. Tão desejados e conservados, já não significam muito e deram lugar a outras coisas ainda mais modernas para se ouvir.

O dia mais feliz da minha vida – minha formatura – foi embalado por nada menos que o *Bolero* de Ravel. Quando ouço aqueles acordes robustos como exércitos, ainda me vejo descendo as escadarias rumo ao palco onde estava meu diploma.

De som em som, muitos anos se passaram até que me aboletei num avião, sozinha como sempre, com o único desígnio de chegar à França para, num final de semana, ver Scorpions tocando *The Best is Yet to Come*. Klaus se manteve firme enquanto eu crescia.

Já em 2010, ao som de *Winds of Change*, coincidentemente, notei que as músicas tocam conforme nossos ouvidos.

Até a música da mágoa pode virar a música do amor, se chega seu dia de ser ouvida de outra forma.

Lenda

Conta-se que M'Boi era um deus em forma de serpente que vivia no rio Iguaçu e aterrorizava os povos da região. Um desses povos, os kaygang, a cada primavera, oferecia uma bela jovem para se casar com o deus e aplacar sua fúria.

Certa vez, um cacique ofereceu sua filha Naipi e ela se casaria com M'Boi durante uma grande festa para a qual muitos outros povos, tribos e nações foram convidados.

Entre esses, estava um jovem guerreiro chamado Tarobá. Ele chegara a Iguaçu apenas alguns dias antes do casamento e não pôde controlar a paixão que tomou seu coração quando conheceu a prometida Naipi. A bela menina também se apaixonou e, após se encontrarem algumas vezes às margens do rio, ela decidiu fugir com Tarobá justo na noite do casamento, aproveitando a distração dos festejos.

O guerreiro preparou uma canoa e, enquanto muitos dormiam depois de dançar e beber, os jovens amantes fugiram rio abaixo, felizes e livres, sem saber que M'Boi os observava, furioso com a traição a que assistia.

Com a música já distante, M'Boi preparou seu ataque e, rugindo e retorcendo seu corpo de serpente-monstro, lançou-se nas entranhas da terra e abriu uma enorme fenda no leito do rio. Por ela, escoaram então as impiedosas cataratas que engoliram a singela embarcação.

Mesmo com tanta revolta, os fugitivos não morreram, apenas se transformaram.

Naipi virou rocha, sempre banhada pela correnteza, lá embaixo, porém, onde as águas já se acalmaram.

Tarobá, na margem, virou palmeira, mas lá no alto, bem no topo, sempre debruçada sobre a maior cachoeira, aquela que esconde a gruta onde repousa o monstro vingativo, sempre a vigiar suas vítimas apaixonadas, a quem só resta esperar que todo dia venha o arco-íris e as una novamente, ainda que por um breve instante.

Finais de ano

Ao final de todo ano vem o tal "feliz Natal, próspero Ano Novo". De fato, não se fala isso, mas ao menos os cristãos escrevem isso em todos os cartões de Natal! E que fique claro: respeito as outras crenças, só não sei bem o que fazem.

Nessa época, limpamos nossos espíritos na maior esperança de que Papai Noel nos traga o que pedimos. As intenções são as melhores nesse período. Todos sorridentes, empenhados em comprar os melhores presentes e, se possível, nas melhores ofertas. Muitos fazem listas de pessoas e coisas. Todos se estressam e dizem algo sobre a correria do fim de ano.

O trânsito em geral fica um horror. Parece que todos os caminhões resolvem cruzar as cidades ao mesmo tempo (e o tempo todo). Devem ser as compras pela internet, porque, embora tenhamos a impressão de que o presente vem teletransportado, na verdade ele sai de um centro de distribuição geralmente no fim do mundo, devendo chegar às nossas casas a bordo de uma carreta. Se pequeno, é possível que vá parar na caçamba de uma motocicleta, que por sua vez é conduzida por um motoqueiro bem nervoso. Acho que isso é a correria do fim do ano.

Talvez não só isso. Tem também os amigos secretos e as frutas para a ceia.

São tantos amigos secretos que chego à conclusão de que eu não tenho tantos segredos durante o ano todo quanto tenho em dezembro. E os valores também são importantes. É muito feio dar um presente de R$ 20,00 quando o estabelecido é R$ 50,00. Não importa se você achou uma prenda útil e linda; se é barata demais, não serve. Dê uma bobagem qualquer no valor estabelecido, é mais prudente e ninguém vai falar mal de você. Por causa disso, pelo menos.

Vamos às frutas. O peru e o tender não causam muita celeuma, parece que é sempre a mãe que os prepara. Não importa se há várias mães no mesmo grupo, tem sempre uma que é mais mãe que as outras; então essa tem o privilégio – nunca o fardo – de preparar a maior parte da comilança. Mas as frutas dão confusão. Todo mundo quer levar as cerejas, mas ninguém quer a melancia em sua lista.

A melancia não cabe em nenhuma geladeira de isopor, não para quieta no carro, não tem lugar para ela na geladeira do cativeiro (cativeiro é a minha forma carinhosa de chamar a casa onde é a festa, porque, depois que se entra, não se pode sair antes de comer a protocolar sobremesa, ou vai ter um parente dizendo que você é antipático e metido).

Mas as cerejas são tão meigas, tão delicadas! Servem até de enfeite para as mesas. Só que, no calor de dezembro do hemisfério sul, todo mundo quer um bom e gelado pedaço de suculenta melancia. Na minha família, costumam deixar a melancia na piscina, se refrescando. É o lugar onde todos queriam ficar. Acho que o problema da melancia é esse: sofre de inveja.

Quanto aos parentes, nem se fale. Cada família tem sua história de cunhados, genros e noras. Nunca filhos, os filhos são sempre os explorados por aqueles. Mas os futricos do dia seguinte são engraçadíssimos. Quem nunca ligou depois para o parente mais afim só para dar alguma risada à custa de outro?

E isso não é desamor, não! É a mais crua vida de todo mundo, só com mais ou menos tempero. É isso que celebramos e é isso que torna a data um "Feliz Natal". Sem entrar na esfera religiosa, o Natal é para todos, independentemente do credo, uma festa. E, se isso perdura por todo o ano novo que logo chega, então ele é "próspero".

Que todos corram muito para dar conta de tudo, para, ao final, desfrutar (sem trocadilho) da proximidade das famílias, dos amigos e, nesse clima, celebrar o passado e receber o futuro.

Os finais de ano são sempre repletos de afeto e esperança.

Destino

Eu nunca poderia ter previsto que meu Natal de 2011 seria feliz só porque eu estaria viva.

O ano vindouro prometia ser próspero, mas traria a dificuldade de um novo e desconhecido ciclo, sem a familiaridade a que eu estava acostumada. Referências perdidas e eu era outra. Eu tinha me tornado uma sobrevivente.

Vi pessoas reprováveis e vivi acontecimentos intensos. Depois de uma dose brutal de realidade, a vida toma outra forma.

Minhas pernas ainda doíam, eu teria um ano de fisioterapia pela frente e não andava, literalmente, feliz. Se andava muito, doía. Se ficava muito tempo sentada, também doía. Viver estava doendo.

Mas se tem um lugar no Brasil velho de guerra em que tudo para de doer, é a Bahia. Seria lá que eu passaria a virada do ano, portanto.

Meti-me num avião rumo a Porto Seguro, junto com minha guerreira filha, e lá fomos nós para a mais alegre, festiva, colorida, alcoólica e barulhenta festa de passagem de ano do país. Talvez do mundo.

Atravessamos na balsa para Arraial D'Ajuda e nos instalamos num *ecoresort* digno de filme de paraíso. Aqueles coqueiros, aquela brisa, só gente feliz, um sol de rachar, lindas piscinas, praias mais lindas ainda. Ah, como eu acertei o remédio de que meu coração precisava! Fiquei uns dias lá me curando de tudo e, no quarto, achei um livro da Secretaria da Cultura que apresentava a Bahia aos visitantes como "o ventre do Brasil", algo como o início de tudo, o lugar onde pensamos em voltar a ser crianças no colo da mãe. Oportuno. Lindo. Até chorei.

Nesse clima, vesti-me de branco e juntei-me aos outros convivas para festejar como se não houvesse amanhã. Mais tarde, a festa continuaria com as oferendas a Iemanjá, a rainha dos mares, protetora dos navegantes. Senhora das águas salgadas, ela nos daria paz e amor para mais um ano.

E havia um amanhã, e ele trazia comida e música à beira do mar.

Sobrevivemos ao festivo banquete na Bahia e a única sequela foi meu pé, que mais parecia um pão sovado de tão inchado, mas eu estava tão embriagada de festa que teria comido o meu próprio pé achando mesmo que era pão.

Era chegado num bom clima o ano de 2012 para eu enfrentar. Entre a fisioterapia, o trabalho, as relações humanas, tudo foi acontecendo.

Eu já tinha programado outra viagem, essa ao Panamá, porque o homem cortara um continente ao meio para os navios passarem e eu queria conhecer o tal Canal. Às vésperas da viagem, como se eu só quisesse estar na Bahia, tive um medo quase incontrolável de ir ao aeroporto. O voo era muito cedo e eu seria obrigada a dirigir pelas estradas na madrugada. Podia encontrar o quase assassino da Guarucoop. Tudo isso me trazia lembranças do acidente e, ao perceber que estava em pânico, pensei comigo mesma, como sempre faço nessas horas: "eu sou uma mulher, não um rato".

Fui ao aeroporto, ao Panamá, assisti a um navio passando pelo Canal, banhei minhas pernas quase boas no Oceano Pacífico, naveguei, conheci gente, fotografei paisagens.

Era um novo ano, sem sombra de dúvidas.

O passado deitava-se, enfim, no passado e era hora de voltar a Foz do Iguaçu.

Arco-íris lunar

Vinha chegando um feriado cristão que significa renascimento (a Páscoa) e, na prática, três dias de folga. Eu estava em conflito entre ficar em casa e cair no mundo. Uma chance para imaginar o que eu decidi. Escolhi meu lugar mais bonito do mundo, que não deixa de ser minha casa. Num roteiro ensandecido, elegi um excelente hotel, muitos programas, muitos passeios e, já na chegada, muito cedo, teria um receptivo me aguardando no desembarque.

Se tem algo que invejo (pouco, mas invejo), são aquelas pessoas que chegam nos aeroportos e têm alguém esperando logo na porta do desembarque. Não importa se parentes, amigos ou profissionais com plaquinhas de sobrenomes. Quando é assim, o viajante, desde lá de dentro do avião, tem um ser ansioso esperando por ele, por amor ou por dinheiro, ou até por obrigação.

Ainda assim, desembarcar para ninguém, por mais libertador que seja, tem um quê de vazio. Nas poucas vezes em que tive alguém me esperando, o primeiro movimento da chegada foi um sorriso, pequeno ou grande. Se, passado o sorriso, a emoção derrama, aí a chegada é primorosa. Tive poucas dessas, mas me lembro vivamente.

O receptivo, protocolar que fosse, arrancou meu sorriso e me deu uma garrafa d'água. Nas altas temperaturas de Foz, uma garrafa d'água é quase uma prova de amor.

Lá ia eu para meu escolhido e elegante hotel das Cataratas. No caminho, passaríamos pelo ponto dos helicópteros que levam os turistas para verem as cataratas de cima. Pedi para o motorista parar para eu já fazer reserva e, surpresa: como eu estava sozinha, nem precisaria disso. Bastava aguardar uns momentos e embarcaria no próximo voo. Ocupar um solitário lugar pode ser uma vantagem.

Olhando a paisagem, olhei também meus pés apoiados no chão de vidro do aparelho. Meus pés... Cheios de cicatrizes, mas funcionando bem, me garantindo muita caminhada ainda. Senti uma pontada de medo, de insensatez por estar ali, numa caixa voadora de brinquedo, em cima da Garganta do Diabo. Saí do meu devaneio mórbido no momento em que o piloto me olhou, fez um sinal de positivo e gritou "lindo, né?". E era lindíssimo.

Um espetáculo da natureza de abalar o mais sólido espectador. É impossível não se emocionar com tanta vastidão, força e beleza.

Estávamos voando de volta, e em minutos eu teria aqueles meus experientes e agora saltitantes pés em terras firmes de novo.

Segui feliz e fui recebida pelo gerente do hotel, que já sabia por que eu e o motorista demorávamos. Coisa de turista afoito, ele deve ter pensado. Informou-me que ainda era muito antes do horário de liberação dos quartos e que eu podia ficar à vontade por ali, tomar um café, desfrutar dos jardins ou mesmo das piscinas. Optei por trocar de roupa e, deixando minha mochila ali mesmo, já ir fazer o Macuco Safári.

Esse é outro suspiro.

O safári atravessa a mata densa e desembarca os turistas à beira do rio já sereno, na parte de baixo das cataratas. Barcos potentes, mas potentes mesmo, sobem a correnteza até chegarem muito perto das quedas d'água. Quem está ali pela primeira vez geralmente para de rir justo nesse momento, quando percebe que o barco vai passar sob as cachoeiras. É muita água. Tanta que, quando realmente paramos embaixo delas, é difícil respirar.

Não é uma chuva, uma torneira, uma ducha forte. São as Cataratas do Iguaçu.

Se você, leitor, ainda não foi, vá. Pare tudo o que está fazendo e vá conhecer essa maravilha do mundo. Sua vida não vai ser a mesma depois dessa experiência. A minha não foi. Continuemos.

Depois do safári-prende-a-respiração-bebe-água-respira-volta-pra-água, fomos, todos molhados até os ossos, para os vestiários. O parque tem paradas onde os visitantes podem se recompor antes de pegar os ônibus que circulam ali dentro. É um lugar organizado, seguro e, acima de tudo, encantador.

Eu não tinha nenhuma peça de roupa para trocar, de modo que cheguei de volta ao hotel ainda molhada, e o gerente, desesperado, informou-me sem delongas que minha mala havia sumido. Procuraram, procuraram... e nada.

— A senhora se lembra de como ela era? — ele perguntou.
— De que mala você está falando? — perguntei de volta.
— Lembro-me de que a senhora deixou suas malas para ir ao Macuco Safári até que o quarto estivesse pronto.
— Moço, eu não sei se esse papo é comigo, mas eu não tenho mala nenhuma. Aquela mochila amarela ali em cima da sua mesa é minha e eu agradeceria se me entregasse para eu pegar meu biquíni. Só tenho esta roupa molhada. Se você puder secá-la na lavanderia do hotel enquanto fico na piscina, agradeço também.

Não me lembro do nome dele, mas me lembro da cara que fez. Ele não podia acreditar que uma hóspede sozinha, num hotel de luxo, fizera mesmo o *check-in* apenas com uma mochila velha. E pior, precisava secar a única roupa, agora molhada, se quisesse jantar vestida de *hippie* no sofisticado restaurante interno.

Talvez ele tenha ficado sem entender. Eficiente, no entanto, garantiu que tudo desse certo.

Eu podia ser *hippie*, mas falava um pouco de alemão, o que me fez descobrir, com um grupo de hóspedes germânicos, que logo mais haveria um passeio para observação do arco-íris lunar.

Reconheço que, em alemão, foi difícil entender de que se tratava. Lá fui eu atrás do gerente e ameacei entrar de penetra caso ele não garantisse meu lugar naquele grupo. Era demais para ele, que já me permitia qualquer coisa.

Em poucas horas, eu tinha uma lanterna na mão e ia rumo às profundezas da noite nas cataratas. Enquanto os guias iam orientando os obedientes alemães e ameaçando os barulhentos brasileiros de servi-los às onças, eu ia pensando na minha sorte de ter feito tudo aquilo até ali.

Pega de surpresa, vi o arco branco formado pela passagem da luz da lua cheia pelas intermináveis gotículas de Iguaçu. Eu não estava preparada para aquela invasão de natureza. Era algo que eu nem sabia que existia e, de repente, estava lá, bem à minha vista, com uma rigorosa perfeição a pôr qualquer humano de joelhos, seja por devoção, gratidão ou susto.

Olhei para o alemão que estava ao meu lado, certa de que eu não sabia nenhuma palavra para aquilo. E nem precisei, porque ele estava em lágrimas que me contagiaram. Ficamos num silêncio cúmplice. Eu tinha a momentânea sabedoria de que aquilo era uma feliz bifurcação na minha trajetória.

Nunca mais vi aquelas pessoas, não sei o que se passou com elas, nem sequer sei seus nomes. Mas elas certamente presenciaram minha transformação.

Tenho o antes e o depois do arco-íris lunar. Parece que finalmente entendi que as perguntas existem, mas, afinal, nem todas as respostas precisam delas.

O curso da vida é inabalável, nós é que somos atingíveis.

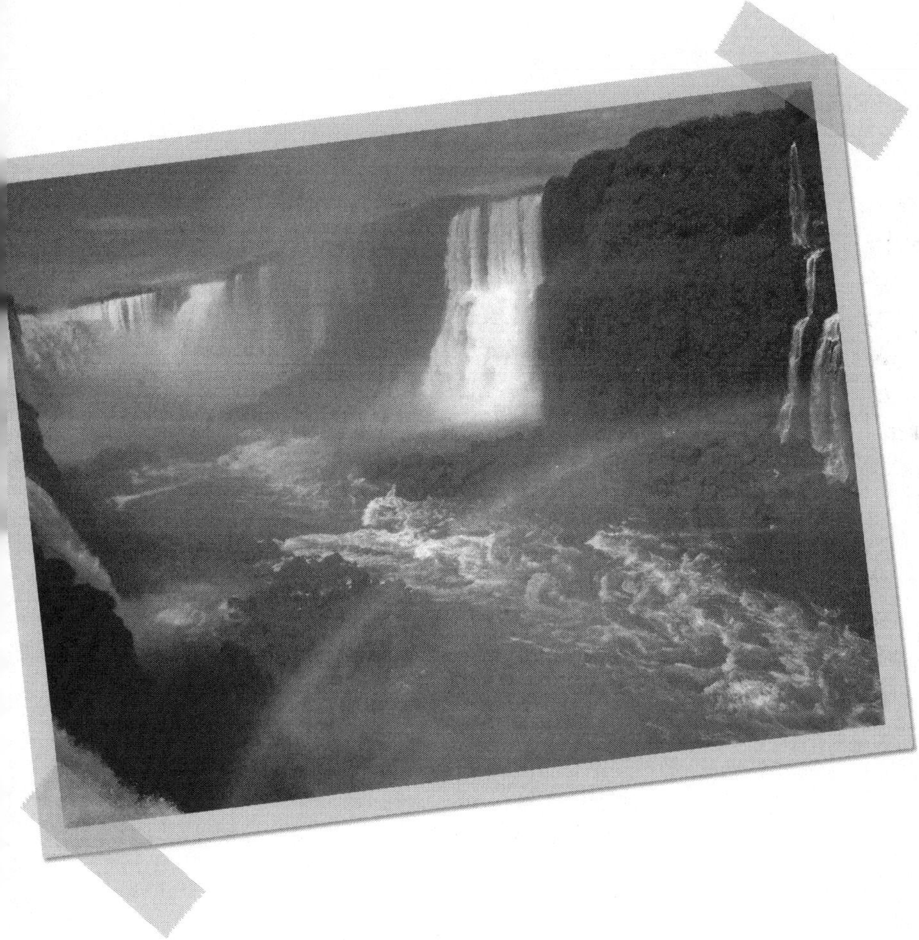

"Comida é amor."
Eu mesma digo isso.

Paella

Que dizer de um encontro de várias pessoas diferentes, até desconhecidas, que se unem em volta de uma *paellera*, venerando uma senhorinha catalã, de olhos azuis de bolas de gude, que resolve cozinhar para toda essa gente?

Primeiro, os pequenos acontecimentos. Os preparativos da semana, dos quais apenas uns poucos eleitos participam, são agora relatados em detalhes ilustrados por sentimentos. Aqueles cuja tarefa foi desbravar o mercado municipal às cinco da manhã têm certa mágoa. Os outros, que se ocuparam dos vinhos finos em lojas com ar-condicionado, ficam em respeitoso silêncio, jurando que da próxima vez vão ao mercado. Os sortudos que nem souberam disso tudo (como eu) só escutam, atentos e solidários.

O almoço mesmo vai começando, com petiscos e bebidas, a estimular as biografias de cada um, já que é hora das apresentações de contexto, para a gente ir vendo em que grupo vai se iniciar.

A senhorinha – dona Maria – vai contando de onde vem o dom da cozinha, o que me leva a viajar pra Espanha da minha própria família e me lembrar dos sabores entre os quais eu cresci.

Um de seus filhos prepara e serve a água de Valência. Em menos de meia hora, o outro filho pergunta por que estou falando pastoso... Por meio do álcool que então está no sangue, viajo de novo às minhas lembranças ibéricas e sinto-me privilegiada por estar ali, na casa de caríssima amiga de quase duas décadas, revendo e conhecendo pessoas únicas.

Penso nas iguarias que comi em Salamanca, no Porto, em Bergen, em Ushuaia, em Praga, e nas pessoas que conheci nesses lugares, sempre com uma hora de terapia em pratos ou copos. Lembro-me da *palinka* que tomei numa taça de delicado cristal húngaro, tremendo de frio e de medo do que o leste europeu sempre gotejou no meu imaginário. Penso no crôstoli da minha mãe, que eu como em casa.

Do torpor da tal água à emoção do "está na mesa", muitas viagens e refeições passaram pela minha cabeça.

De volta ao Alto de Pinheiros, à *paella* da dona Maria, agora todo mundo devidamente unido naquele espírito de amizade imediata que, estrangeiros me perdoem, só os brasileiros têm.

Uma algazarra colorida com muitas risadas (porque onde tem vinho, ainda mais naquela quantidade, não tem tristeza) e confusão de opiniões de tantos entendidos, não sobre a comida em si, mas sobre as formas de conseguir comer mais e depois desfrutar da melhor preguiça.

Até Jack, o cão, se divertia, mesmo achando que estavam todos falando alto demais.

Enquanto as horas iam passando, cada um se preparava para enfrentar uma implacável segunda-feira. Eu saí antes do café e sei que perdi parte importante do evento. Mas fui presenteada com afeto. O afeto que estava na panela está agora comigo, a mim incorporado em forma de lembrança.

Mais tempero em minha vida, tal como as pitadas que dona Maria distribuiu cuidadosamente sobre sua esplêndida receita.

Plantio e colheita

Nova Mutum (MT)

Das fazendas do cerrado, a comida para o mundo.

A colheita tem uma beleza única, não no sentido metafórico, de se colher o que se planta, mas no sentido concreto, de ficar olhando a lavoura e o céu e a chuva e as folhas. Uma beleza bruta, que vem da vida própria das fazendas que, mesmo sob controle, são imprevisíveis.

São como crianças livres que querem correr de qualquer lugar para alcançar uma graça que ainda não conhecem. Dependem das forças da natureza e, dessa, pensamos que sabemos, mas de fato só temos esperanças.

Preparar o solo, separar as sementes, escolher o adubo, preparar as máquinas, organizar os trabalhadores, aplicar a tecnologia, espantar as pragas, prever os números. Nada disso elimina um momento que seja em que o agricultor sente a necessidade de se ajoelhar ao solo e deitar ali umas sementinhas, com suas próprias mãos e suas próprias preces, para que nada se perca. Nada pode se perder quando se produz comida para o planeta. Não fossem as fazendas, toda a gente deste mundão estaria condenada à fome.

E, mesmo com tanta responsabilidade, a terra dá seus frutos e, logo que aparece a primeira florada, o homem fica excitado com a iminente colheita. E daí vem uma alegria que nenhum outro lugar conhece e, só por isso, todo brasileiro deveria ter a chance de, pelo menos uma vez na vida, visitar uma fazenda de produção agrícola; todo brasileiro deveria ter a chance de, pelo menos uma vez na vida, integrar uma roda de churrasco com os agricultores que festejam o futuro como se fosse certo porque vivem para merecê-lo assim, tão simplesmente.

E, enquanto festejam, ficam de olhos fixos no céu. Quando a chuva ameaça chegar pelo lado errado, pensam com tanta força que às vezes conseguem mesmo convencer as nuvens a irem para os talhões que dela precisam.

E finalmente a natureza os compensa com a colheita esperada, garantindo o sustento e promovendo a continuidade do ciclo da vida, porque a colheita nunca acaba; a colheita leva ao novo plantio, que leva à alegria da colheita, que leva ao plantio, que leva à alegria da colheita...

Aquidauana (MS)

A capital, Campo Grande, é apenas a porta de entrada para desafios e mistérios.

O Mato Grosso do Sul não é artificial e agressivo como as grandes metrópoles, mas tampouco estropiado e espoliado como os rincões habitados apenas de martírios, espalhados pelo pobre Brasil.

Estive na pousada Aguapé, propriedade de uma mesma família pelos últimos 150 anos e hoje muito bem gerida pelo Sr. João e por seus filhos, oferecendo não só abrigo, mas também conhecimento, experiências, interação com bichos e gente, tudo isso com muita afeição, cuidado e saborosas refeições.

Uma paulistana como eu, com pulmões e ouvidos repletos de fumaça e barulho, pode até entrar em coma depois de um choque desses. Então, comecei com uma inocente caminhada para ir me ambientando e fui agraciada não só com a beleza bruta do lugar, mas com a afirmação do pantaneiro de que cada animal tem sua fronteira. Por que não pensei profundamente nisso antes?

Mais à tarde, na hora da pescaria de piranhas, já via como normal enfiar um pedaço de carne crua num anzol com minhas próprias e nuas mãos. Por sorte ou azar, não precisei fazer o mesmo com a tal piranha. Elas mordem, mas não pesquei nenhuma. Fiquei ali só desfrutando do meu momento preferido – o pôr do sol, sobre o qual nem tenho mais palavras, só observo.

Observei também que o tempo tem outra cadência no Pantanal. Já na primeira noite, mais longa ali que em qualquer outro lugar, pude ver minha jornada como se não estivesse nela.

Tanto as viagens mudam minha vida que, quando me apercebi, estava montada na Paraguaia, uma égua gigantesca (na minha forma de ver), a passear sem sustos.

Os passos firmes dos cavalos, o canto dos pássaros, as conversas indígenas, alguns olhares cúmplices e até uma suave canção chinesa que uma das turistas, nervosa que devia estar, como eu, começou a entoar.

Paraguaia atravessou até um riacho, molhando sua barriga e meus pés, e me tirou de lá com uma força que eu desconhecia. Foi quando eu me lembrei que teria que descer dali, cedo ou tarde.

E tive, então, meu momento de cinderela pantaneira. Apesar de não ter cavalo branco, apareceu um príncipe disposto a me resgatar. Ali naquela situação, se ele tivesse perguntado, eu teria respondido que ficaria em seus braços para sempre...

Meio tonta pelo ar puro e pela circunstância, fui conhecer a fazenda com o Sr. João, que gentilmente nos convidou a circular com ele.

Vi um colhereiro livre pela primeira vez, voando para onde quisesse, sem as grades de um zoológico.

Senti-me parte daquela imensidão, daquele tipo de silêncio que eu aprecio tanto.

Faltava ainda um passeio de jipe ao anoitecer e mais bichos livres na nossa frente.

Pegadas de onça, olhinhos de jacarés, frutas que só as araras comem, verde, verde, verde e o rio Aquidauana formando lagoas, já juntando com as águas da tempestade.

Nosso passeio foi abreviado pelas gotas de chuva, que mais pareciam uvas sendo arremessadas nas nossas cabeças por algum macaco irritado com tanto turista. E a água preencheu a noite.

Na manhã seguinte, de umidade quase palpável, um passeio de barco a motor para subir o rio e, para descer, só os ruídos da natureza e a observação.

Eu já tinha aprendido tanto, mas o piloto Fabiano ainda me ensinou que os tolos consideram ali o fim do mundo, e os sábios interagem e respeitam, com a inabalável certeza de que estão justamente no começo.

E o Pantanal estará sempre lá, para mim e para o futuro de qualquer valente e livre criatura.

Bolívia

Eu poderia dizer que fui parar em Sucre por conta do preço da passagem e do tempo de viagem, mas estaria sendo injusta com a preciosa sensibilidade da minha agente de viagens e com minha própria curiosidade errática.

Fui ver de perto a Cidade Branca ou Cidade dos Quatro Nomes, árida, sofrida, orgulhosa e povoada de espíritos *quechua*. Tive apenas três dias, incríveis, marcantes e inacabados. Levei comigo alguém que vivia horrores momentâneos da sua própria história.

Fiquei num hotel administrado por um holandês que deixou pegadas em partes insólitas deste mundo e então casou-se com uma boliviana. Ah, o amor. Ele é apenas um dos muitos forasteiros que vivem ou passam pela cidade, turistas, estudantes, apaixonados, perdidos, quem sabe?

Comecei pela Plaza 25 de Mayo e pelo bonito prédio da prefeitura ali instalado. Uma caminhada mais e estava no parque Simon Bolívar, palco das crônicas dominicais das famílias locais, intocáveis em sua natural felicidade. Impossível não repensar nossos valores, estímulos e necessidades diante de tanta simplicidade.

Passei a virada do ano num bistrô alheio às festividades da rua, mas vi a festa que se formou no centro e se arrastou por todo o primeiro dia do ano, com uma banda de sons peculiares.

Mais música embalando sentimentos intensos, como de hábito em minha vida, enquanto faltava conhecer o capítulo silencioso da cidade: o cemitério.

O Cemitério Geral é lindo, lindo de doer e chorar, lindo de encantar e amar. Imperdível. Passei lá a manhã do segundo dia do ano, sozinha nos braços dos espíritos, tentando entender mais das cores incontroláveis e imprevistas, às vezes postas à força na vida.

Olhei a tempestade que se formava e lembrei-me da praticamente antípoda Suíça, lá em 2005... pois agora, passados dez anos, eu teria uma na Bolívia.

Depois do cemitério, fui andar pela trilha inca. Três horas de caminhada, morro acima e morro abaixo, com chuva ocasional e outros silêncios absolutos.

Saímos do vale a bordo de um 4 x 4 providenciado pelo guia de turismo local. Instalada no banco traseiro, ganhei um sanduíche de queijo com salada e comecei a observar que chovia, então, torrencialmente. Os vidros do carro embaçavam, a água descia com pedras das montanhas, que se mostravam como se fossem braços coalhados de artérias inchadas, prestes a estourar. Deslizamentos de terra barrenta. Olhei para baixo para ver que estávamos em franca subida e, portanto, o precipício só aumentava.

Eu tive medo puro, daquele que só nos resta aceitar sem gritos, sem chiliques, sem ninguém para agarrar. Um espectro que foi se aplacando quando comecei a olhar pelo espelho o motorista, um *quechua* miúdo, experiente e resignado, que fazia seu trabalho como se fosse o mais natural do mundo, sem nem perceber que talvez fosse mesmo. Ali, éramos nós e Deus.

Passou-se muito tempo para quem tinha medo. Fui observando, subindo e descendo, as enxurradas sempre passando ao largo daquele peculiar veículo, com seus peculiares passageiros, até ser entregue, por fim, às luzes tênues do hotel que me hospedava.

Meu coração, mesmo partido, chegou seguro em Sucre.

Várias Espanhas

A Primeira Barcelona, há muito tempo, deixou marcas na minha memória que eu sigo tentando esquecer. Felizmente o tempo faz seu trabalho.

A Segunda Barcelona era uma cidade que não habitava minha lista de preferidas.

Eu tinha vários motivos para evitá-la, mas não consegui fundamentar nenhum deles (criei um monstro: quando minha filha bota algum roteiro na cabeça, ninguém tira) e, quando fui ver, estava eu me misturando aos turistas pelas Ramblas...

Como o mesmo rio não banha o mesmo homem duas vezes, a mesma mulher não visita a mesma cidade duas vezes... e eu estava de fato em outro tempo, outra vida, outros rostos.

Começo difícil. O voo da Iberia atrasou, quase perdemos a conexão em Madri, correria em Barajas. Fui ficando contrariada, sabia que não tinha nada para fazer em Barcelona, esse já devia ser um sinal ruim.

Chegamos bem e nos instalamos em um hotel bem localizado e adequado aos nossos desejos turísticos. No centro, rua de pedestres, fins de tarde com aquela agitação característica das cidades grandes.

Eu pegaria o carro apenas em Madri, mas descobri ali mesmo que havia esquecido minha habilitação, fundamental à locação do veículo. Chorei por vinte minutos pela constatação de que não sou mais a mesma e esse parecia ser outro sinal ruim.

Firme na crença de que vinho cura quase tudo, fui almoçar e beber. Bebi como gente grande, maior do que realmente sou, e terminei meu almoço dormindo no banco da praça defronte ao mar, sob o vigilante e reprovador olhar da minha sóbria filha, cuja paciência não tem limites.

Desse dia em diante, passei a cultivar afeto por Barcelona. O que faltava, afinal, eram pessoas. Estava com minha Laura. Por coincidência, contava com outro inesperado amigo, ainda que por mensagens telefônicas, a me oferecer apoio, nomes de restaurantes e dicas de passeios.

Uns copos, uma boa companhia, um dia de céu azul e sol, um banco de praça pública bem localizada e Barcelona estava vencida. Nada de ruim, ao contrário, saí dali já pensando em voltar.

Segui viajando.

Rumamos para Madri, onde reencontrei uma colega de trabalho querida, embora distante, que me deu, além da ordem imperiosa de visitar o Reina Sofia (museu onde está abrigado o belíssimo *Guernica*, de Picasso), importantes motivos para pensar.

Mostrei Salamanca para minha Laura e dei-lhe a tarefa de levar para lá minhas cinzas quando só elas restarem de mim.

E veio a Terceira Barcelona.

Nem podia imaginar quão intensamente teria que olhar Barcelona. Por força das circunstâncias, estava lá de volta, pouquíssimo tempo depois.

Nessa outra visita, sozinha na Sagrada Família, vaguei, olhei, respirei, questionei se a solidão seria mesmo a minha escolha. Deixei para rezar como eu gosto, no Palácio da Música, recém-conhecido. Um lugar belíssimo, cujo cheiro ainda sinto ao lembrar do som do piano, que também escuto ainda agora.

De tanto rezar assim, passei a noite amparada por braços, imaginários ou não, a me oferecerem calor por toda a vida.

E minha Espanha de surpresa.

E mais, por sorte ou coincidência, depois de alguns dias me vi em Santiago de Compostela, absolutamente sozinha, mas não solitária.

Tenho certeza de que alguém que desconheço, espiritual ou terreno, colocou personagens no meu caminho.

Foram como descobertas, flores se abrindo, chuva caindo, música tocando, dança, muita dança e, no final, cama macia, alvos lençóis e pássaros da noite embalando meu sono de inocente.

Rússia

Fomos comemorar o décimo quinto aniversário da Laura em São Petersburgo das colunas rostrais (coroas ornadas de emblemas náuticos que se davam àqueles que se destacavam numa batalha naval) e das estações de metrô recheadas de arte. Foi nossa primeira experiência de viagem mergulhada no analfabetismo. O alfabeto cirílico é inatingível para nós, do alfabeto romano.

Ainda assim, estudamos os mapas, aprendemos algumas letras (as que compõem a palavra "restaurante"), expressões de educação, as figuras das notas e moedas, um pouco da história e dos costumes. Felizmente, ainda, a equipe do pequeno hotel que escolhemos, o Pushka Inn, era notavelmente preparada para turistas.

Fazendo gestos e desenhos, chegamos à escola fundada pela bailarina Agrippina Vaganova, à loja de material de dança Grishko, a museus, igrejas, endereços importantes.

Comprei pela internet os ingressos para o balé no magnífico teatro Mariinski. Imprimi, guardei, estudei o mapa para chegar lá. O sonho da adolescente ia se concretizar logo mais, às nove horas da noite. E essa foi minha desgraça. Na Rússia, os balés são às sete da noite.

Depois de andar, perdidas, o dia inteiro, chegamos à tardinha na recepção do hotel e perguntamos umas bobagens sobre como pegar os ingressos na bilheteria. A recepcionista, ao ler o papel que eu tinha em mãos, arregalou os olhos, falou uma palavra em russo e me informou que o espetáculo começaria em quinze minutos.

Até tentei argumentar, mas percebi, gelada, que confundira 19 com 9 (horas da noite). Laura começou a chorar. A moça pegou o telefone e já foi chamando um táxi.

Eu queria morrer.

Fomos informadas de que o percurso levaria vinte minutos, mas que poderíamos entrar, explicando a situação. Pedi que ela escrevesse um bilhete em russo para eu entregar para os "obstáculos" que apareceriam. Ela ligou também para o teatro.

Não sei o que ela falou para todo mundo, mas o motorista – um estereótipo de russo pelo qual me apaixonei na hora, a ponto de quase desistir do balé – levou-nos rápida, violenta e perfeitamente à porta do lugar, finalizando ainda a jornada com uma manobra para fechar o trânsito e as duas atrasadas poderem atravessar a rua. A recepcionista do teatro já tinha meus ingressos nas mãos e levou-nos ao andar dos retardatários, onde um guarda já abria a porta, até sorrindo.

Agradeci a todo mundo em inglês, russo e espanhol. Falei que era argentina. Meus *hermanos* que me perdoem, mas quando faço algo muito errado, não digo que sou brasileira (aprendi com meu querido amigo Hélio).

Laura parou de chorar. Meu coração voltou para o lugar, depois de quase sair pela boca.

O balé foi magnífico e ainda tivemos o privilégio de ver o primeiro ato de um lugar – o dos atrasados – e o segundo, de outro – os nossos lugares originais. Tivemos, portanto, vista e fotos de todos os ângulos.

Na saída, fomos jantar com calma num restaurante italiano, com um garçom congolês que falava francês. Foi o melhor risoto que já comi. Eu ainda não sabia, mas estava criando um conceito próprio de "comida inesquecível" que, no futuro, dividiria com mais alguém.

No dia seguinte, teria ainda mais aventuras com uma amiga que eu fizera anos antes, em outra viagem (essa sim, na Argentina).

Irina buscou-nos no hotel com seu marido e saímos de barco com outros amigos dela. Ninguém falava muito inglês e a gente não falava nada de russo. Ainda assim, falamos da cidade, da vida, de música, do futuro. Rimos muito, vimos imagens lindas, tiramos fotos engraçadas. Comunicamo-nos por força da vontade e da vodca.

Voltamos ao Pushka Inn pouco antes do raiar de um novo dia e quase choramos ao nos despedir.

E assim a Rússia entrava, portanto, na lista dos países aos quais nos afeiçoamos.

"O turismo é a indústria da paz", como diria Salvador Lembo.

O mau Brasil

Nós, brasileiros, temos o hábito de discutir os problemas do Brasil ora vislumbrando soluções, ainda que na roda do *happy hour*, ora pondo toda a culpa no governo, o que também é da nossa índole.

Ocorre que, nessas discussões, são muitos os pontos em pauta, mas raras as vezes em que, de fato, identificamos o mal inicial: a falta de educação.

Sim, é a falta de educação a chaga verdadeira do Brasil. É ela que faz alguns indivíduos abrirem a janela do carro e jogarem lixo na via, é ela que faz alguns pais deixarem os filhos desrespeitarem os professores, é ela que faz alguém emprestar sem devolver a caneta de um colega, é ela que causa brigas em festas, que acabam na delegacia.

Da sujeira na rua ao crime hediondo, a diferença é só o tamanho, mas tudo é falta de educação, simples assim. E, por ser tão simples, temos dificuldade de enfrentar, porque somos programados para operar máquinas complexas, controles em idiomas estrangeiros, sistemas sensíveis, mas não o básico.

Pessoalmente, fico observando a comunidade onde vivo e prevendo as desgraças que, embora quase não aconteçam, porque Deus é grande, teriam espaço se a lógica operasse. No pequeno mundo da escola da minha filha, de classe média alta, gente bem arrumada, com curso superior e cada qual mostrando um carro mais superior ainda, o estacionamento por si só já é palco de horrores.

Noutro dia, chovendo muito (porque a natureza é a mesma para todos), um tutor (não cheguei a ver se era um pai ou uma mãe), investido dos poderes que a roupa de grife e o carro importado conferem às cabeças pequenas, optou por deixar seu rebento mais perto da porta, para ele não se molhar, bem em cima da faixa de segurança, no meio da rua, para que todas as outras pessoas tivessem que enfiar o pé na poça, já que ele tinha ocupado o único espaço livre de água.

Outro tutor, tomado pela raiva que a injustiça causa, bateu com a mão no carro e gritou "olha a faixa!", o que, aliás, é o que vem sendo veiculado até na TV. O primeiro pôs a cabeça para fora, porque aí valia a pena se molhar, e gritou um palavrão. O outro ameaçou voltar para chutar a porta. Um terceiro felizmente aplacou os ânimos de todos. Se não fosse por ele, poderia ter havido agressão física, quiçá até o uso de uma arma e uma tragédia. Não era falta de dinheiro, de espaço, de organização. Era falta de educação, lá do começo.

No outro polo, vi no telejornal uma matéria sobre crianças se agredindo verbal e fisicamente em escolas públicas espalhadas pelo país. Essas não tinham exatamente bens materiais para disputar, mas se estapeavam porque uma chamou a outra de gorda, e isso hoje em dia é *bullying*, então dá o direito à segunda de esbofetear a cara da primeira, e os pais vêm defender, e cada um acha que tem mais direito do que o outro e vira tudo uma bagunça porque ninguém sabe o certo. Porque a esses também falta a educação conceitual, fundamental, de como é a vida em comunidade e como são as regras de convivência.

E, com apenas dois curtos exemplos, já fica fácil demonstrar que não adianta passar aos nossos filhos os nossos iPads e iPhones e ensinar a eles o domínio do inglês e do espanhol. Se não dermos a eles a educação basilar, aquela que mostra onde é a lixeira e onde é proibido estacionar, que explica como usar "por favor" e "obrigado" e que equaliza direitos e obrigações, a vida de todos, ricos e pobres, negros e brancos, gordos e magros, crianças e adultos, vai virar um inferno.

*Paródia**

Depois que nós, povo heroico, ouvimos o grito, muita coisa aconteceu.

O sol da liberdade brilhou por alguns anos, depois se apagou por outros tantos, depois renasceu e afinal conquistamos igualdades sem, no entanto, livrarmo-nos de diferenças históricas, sociais, culturais e econômicas, tatuadas em nossa pele desde a época das caravelas.

Hoje temos um país de sonhos e pesadelos, amor e ódio, esperança e desespero e, embalados em nosso berço indiscutivelmente esplêndido – com vista para o mar e campos floridos ao fundo –, somos sonolentos por isso mesmo.

Dá uma preguiça de sair por aí empunhando uma bandeira e exigindo aquilo que já deveríamos ter há tanto tempo. Mas, quando chega a Copa, juramos amor eterno e ficamos esperando alguma glória, embora já bem ressabiados.

Estamos vendo que a justiça não se ergue mais. Quem se mete em uma luta, por mais legítima que seja, pode acabar machucado, definhando num corredor sujo de hospital fantasma. Cada vez mais mal-educado e inculto, o povo vai ficando longe do significado do seu hino, recheado de palavras lindas, mas irreais, como sua própria história.

Hoje em dia, quem o ama está sim temendo a própria morte, seja de desamparada velhice, de tiro, de falta de médicos ou de sede.

Ó, pátria amada, gigante, linda e jovem! Tenha pena de seus filhos e comece a ser gentil com eles! Afinal, nem que quisessem eles conseguiriam fugir, por conta das filas nos aeroportos...

---

* Escrevi este quase bem-humorado desabafo num momento de enfado pela constante inapetência das pessoas para enfrentar o mal e por sua capacidade de deixar que ele, muitas vezes, tome proporções inaceitáveis.

De quem é a culpa?

É natural e legítima a dor que cada um de nós sente ao receber uma notícia de tragédia em nosso próprio país.

Quando do horror em Santa Maria (incêndio de grandes proporções que matou e feriu muitos jovens no clube noturno de nome Kiss, na cidade de Santa Maria/RS, em janeiro de 2013), vimos fotos de jovens que poderiam ser os filhos de qualquer um de nós e sentimos dor tanto pela tristeza em si quanto pela dor alheia. Ficamos unidos em luto.

Queremos vingar as vítimas, dar exemplo à sociedade e punir os culpados.

Toda vez que o Brasil sofre um abalo, seja por conta da economia mundial, seja por desgraças locais, tentamos sem demora achar culpados. Dentre esses, temos o folclórico hábito de incluir o governo, seja qual for e em que instância estiver.

Não defendo nenhum governo ou entidade que o represente. Ao contrário, se forem esses os culpados, devem ser punidos até com maior rigor, como exemplo social máximo de sacrifício em prol da justiça.

No entanto, à medida que vão se proliferando os julgamentos informais da população e da mídia, faz-se mais necessário refletir sobre o comportamento dos próprios governados.

Nós – o povo brasileiro, do qual faço parte – temos nossa parcela de culpa e ela não é pequena. Quem de nós nunca diminuiu a velocidade só para passar pelo radar, ou silenciou quando percebeu que a sobremesa não fora incluída na conta do jantar, ou teve uma longa e satisfatória negociação com o guarda que ia aplicar uma multa, ou comprou um CD pirata na rua 25 de Março? Quem nunca usou a carteirinha de estudante muito depois do que deveria ou trouxe uma "muambinha" de

Miami e não declarou na alfândega? Ou bebeu e ainda assim dirigiu até em casa sob a alegação de que iria devagar? É possível que o tal governo esteja nos representando fielmente.

Para mudar esse ciclo vergonhoso, é preciso agir com nossa própria cultura e história. É preciso que tomemos consciência de que, sim, este país tem muitos valores invertidos e, por isso mesmo, temos a obrigação fazer o exemplo vir da base e não do topo.

Somos nós, cada um de nós, os responsáveis pela tolerância zero. Nós temos que ficar arrepiados com a mera possibilidade de oferecer propina, de tomar um atalho em qualquer fila, de funcionar sem autorização, de sonegar imposto, de furar o farol vermelho.

Somos nós, cada um de nós, que devemos dar o exemplo de recusar alegrias ilegais ou benefícios indevidos. Quando estivermos todos cobertos de razão, quem não estiver vai ficar com vergonha porque vai aparecer de roupa vermelha onde todos aparecerem de branco.

Não dá para fazer certo só quando for conveniente. Há que se fazer certo sempre, todo mundo, todo o tempo. Chega de "dar um jeitinho", porque o jeitinho de um pode significar a morte de outro e, para a morte, não há jeito.

E minhas desculpas àqueles que não se enquadram em nenhuma modalidade de esporte ardiloso como os que usei de exemplo. A esses, como a mim, vale continuar correndo avidamente pelo bem, para tentar compensar aqueles que nos atrasam com os freios infandos dos espertalhões.

Douglas

No final de 2013, fui chamada para uma breve palestra de motivação ao final de um curso de formação de jovens custeado pela empresa em que eu trabalhava.

Tinha sido um ano em que o Brasil mostrara sua cara ao mundo por meio de inúmeras manifestações populares contra abusos, corrupção, desmandos no governo e outras formas de subjugo humano.

Tirando alguns tristes atos de violência, todas essas manifestações haviam sido pacíficas, organizadas e, por fim, positivas.

Não haveria ambiente melhor para levar uma mensagem otimista aos jovens. Eu queria muito fazer alguma diferença naquelas vidas tão constantemente ameaçadas por todos os lados.

Quando começamos, porém, de súbito achei que ia ser um vexame.

Puseram-me a falar logo depois do Hino Nacional e, patriota que sou, passei aqueles minutos de música pensando justamente no futuro das crianças do meu país, incluindo a minha própria.

Quando os lindos acordes escritos por Francisco Manuel da Silva chegaram ao fim, eu vertia lágrimas e tinha a voz comprometida. Foi bem quando me deram o microfone.

Eu não tinha saída que não admitir a razão do meu descompasso. Estava animada com o agigantamento da minha terra durante os meses passados e expliquei, então, a razão pela qual ainda somos tímidos ao aplaudir o Hino Nacional (resto de opressão do período militar, quando se temia que a emoção final virasse tumulto incontrolável).

Segui explicando o que deve ser uma República de verdade. Falei das obrigações do povo, da necessidade de se manter informado e da importância do princípio da obediência e do cumprimento das obrigações; não só da exigência dos direitos.

Falei do peso que se pode e deve carregar para chegar ao sucesso que cada um quer. Devo ter falado o que queriam ouvir, porque, ao final, tinha gente mais emocionada do que eu. Algumas mães (poucos ali tinham os pais presentes ou mesmo conhecidos) vieram me agradecer.

Alguns filhos vieram tirar fotos comigo. E Douglas, então, apareceu e disse:

— Obrigado! Você fez a diferença.

Aquele elogio soou na minha cabeça como um sino. Com uma frase, ele fez-me ver que melhor ainda que aprender é ensinar. Senti-me feliz por tê-lo feito feliz, mesmo que momentaneamente. Além da satisfação de perceber que eu mesma construíra uma vida plena, uma carreira sólida, uma sucessão honrosa, entendi que devemos passar esses sentimentos adiante sempre que possível.

Qualquer oportunidade de ensinar tornou-se imperdível para mim.

Quem fez a diferença, Douglas, foi você.

Um mundo doente

Quanta aflição no meu coraçãozinho de turista; o mundo está doente.

Os humanos trocam socos e pontapés por qualquer coisa, em lugares lindos e históricos, tão ricos os palcos da insensatez. Os bichos sofrem cada qual a sua agrura, felizes os cães e gatos de estimação, que comem ração importada (sempre importada, não importa o país em que vivam) enquanto um pouco de cada espécie vive à espera de um milagre ou, que seja, de um resto qualquer.

O planeta vai se esvaindo.

Tenho sofrido a tensão de todas as guerras.

Presa no meu egoísmo, torço para a Coreia do Norte não jogar uma bomba lá nos *States* antes de eu conhecer o Alabama ou o Missouri.

Aquele estresse nos aeroportos.

Outro dia, passaram o raio-X no meu corpo inteiro. Será que viram minha pedra no rim? Tive que tirar minha fivelinha do cabelo antes de entrar no avião, mas não fiquei segura de que ninguém teria embarcado uma granada ou um fuzil. Ou coisa ainda pior, que nem ocorre à minha cabeça curiosa e inocente de reles viajante.

Enquanto isso, no meu amado Brasil, crianças são jogadas aos leões, muitas vezes seus próprios pais, tão famintos eles próprios que transmutam-se em bestas.

Apelemos ao turismo.

Viajemos e conheçamos os próximos e os distantes para que aprendamos a, pelo menos, respeitá-los.

Obediência

De tantos lugares que conheci, o Japão deve ter sido o que mais me tocou, não só pela sua singela beleza, mas pelo surpreendente (pelo menos para mim) princípio da obediência. Horários são cumpridos porque existem, placas de trânsito são respeitadas porque existem, protocolos de educação são mantidos porque existem. Regras são feitas para serem obedecidas.

No Japão, eu estive com Yuko (uma alegre turista que eu conhecera cinco anos antes em uma viagem por Portugal) e seus amigos. Em um inglês globalizado, conversamos sobre pátrias, amores, fronteiras, políticas e povos.

Yuko contou-me sobre a relação do Japão com alguns outros países. Em especial, os japoneses nutrem admiração pela Alemanha. Sem entrar em pormenores, claro, porque a história nos remete à Segunda Guerra e seus horrores, a Terra do Sol Nascente e a Pátria Germânica se unem no respeito às regras.

Japoneses e alemães atravessam a rua na faixa de segurança, com a certeza de que o motorista que se aproxima com o carro vai parar.

Marcam visita e não confirmam antes porque têm certeza de que o outro vai estar em casa.

Vendem e têm certeza de que serão pagos. Pagam e têm certeza de que vão receber o troco.

Promovem o conforto social, a segurança da convivência em sociedade, lastreados na confiança de que todos farão o que se espera deles.

Não bastassem os templos de arrebatada espiritualidade, as cerejeiras em flor, os trens de alta velocidade e o saquê, ou a confiável tecnologia, o futebol, as *Autobahnen*, os museus a céu aberto e a cerveja, o Japão e a Alemanha são destinos que servem de lição para qualquer ser humano atento às possibilidades de vida em grupo nesta gigante e caótica comunidade que chamamos de Terra.

"Desejos não são direitos", como diria David Silva.

Cartas

Em tempos digitais de fugacidade, quem se daria ao trabalho de escrever cartas de amor? E por que escrevê-las em vez de usar os aplicativos de troca de mensagens e os sinais que se fingem de abraços nas despedidas?

Não posso me curvar a um mundo assim, tão perdido e tão frio. Isso causa a nós, humanos, uma fome incontrolável de coisas que não vêm em pratos.

Cartas são registros escritos pela mão pura do coração. Talvez tão indispensáveis quanto o afeto, portanto.

Fragmentos

Fartei-me do silêncio e escrevi uma carta. Um e-mail, é certo. Tempos modernos.

Contei que já estava de volta à inevitável realidade, que fora divertido, instrutivo, como toda viagem. Esquecera minha carteira de habilitação e expliquei como precisei adaptar um roteiro às pressas, dependendo dos horários dos trens.

Passei bastante tempo em trens... pensara nele e no nosso tempo juntos.

Fiquei muito tentada a sugerir um encontro, mas pensando (pensando!) bem, talvez não tivéssemos mais chance de conversar sobre o que passamos.

Rememorei tudo. Desde o primeiro almoço entre amigos, nossas celebrações, telefonemas, visitas. Nossos ensandecidos passeios sobre duas rodas. Ele tomara todas as iniciativas, sempre muito cavalheiro, sempre no devido tempo.

Ainda desconhecidos, fomos à Bolívia, um país que se deve visitar desarmado de pesadelos.

Lamentei muito essa parte. Não nos conhecemos, mas levamos todas as nossas fantasias, cada qual sabendo pouco do outro, mas o suficiente sobre os toques de dor com que a vida nos transforma. Juntas, duas pessoas, uma no céu, outra no inferno da própria experiência.

Conversar seria entre elas ou com outrem em quechua. Não era coisa que se adivinhasse, embora se percebesse. Não era fácil, mas podia ter sido honesto. Não se julga de surpresa, menos ainda o caráter alheio.

Escrevi porque não era justo guardar. Nenhum lado merecia branca passagem, fosse pela impunidade, que o impediria de refletir, fosse pela ignorância, que me impediria de desculpar.

Pela amizade, que fosse.

Terminei mais leve, esperando nenhuma resposta, que, por sanidade oportuna, de fato não veio.

Podíamos seguir sem outras vítimas, já em novos acontecimentos, novas pessoas. A casa que nos acolheu da primeira vez também seguiu ilesa.

Sorte a nossa, com nossos amores, angústias e penas, que ali temos sempre guarida.

Inconfidências

Quando ela o viu pela primeira vez, o que mais chamou sua atenção foi a gentileza do pacote de chocolates e a cara de mau. Mas não seriam os primeiros doces nem a primeira cara brava que enfrentava na vida. Seria mais uma experiência a acrescentar ao destino.

Divertiram-se.

Ela lhe mostrou alguns de seus espaços favoritos no parque da cidade e na história do seu Brasil.

Ele apontou as principais dificuldades que vira até então.

Mal sabiam o que enfrentariam de cada lado.

Muitos menus foram lidos em conjunto, por esse estranho casal que gostava de muitas coisas semelhantes.

Viajar juntos era tão natural que se tornou obrigatório.

Ela sugeriu lhe mostrar o berço da inconfidência, de onde saíram os primeiros mártires da independência brasileira e os contos de amor e desterro mais pungentes daquela distante época.

Da aparente ineficiência do hotel escolhido surgiu o primeiro obstáculo. Não eram assim tão próximos para dormirem na mesma cama, já bastava estarem no mesmo quarto por acidente.

Uma belíssima cama colonial de romance explícito nada tinha a ver com o caminho deles. A solução improvisada pelo hotel, uma cama infantil, tampouco. Ele não cabia. Ela se recusava.

Era uma boa hora para fazer piada, coisa que ela não perderia por nada: "não sei você, mas eu vou dormir na cama grande". Esperto, ele respondeu: "parece bom, eu durmo embaixo".

Saíram para jantar, ele um prato de gente grande, ela um suco de laranja.

Mais algumas horas e estariam separados, com histórias para contar e segredos a manter.

Viram que gostavam do tempo que passavam juntos, que não lhes custava nada e não parecia que custaria um dia.

Aprendiam coisas novas e viam de outro jeito as não tão novas. Encontraram-se em outra história e resolveram, então, escrever a sua.

Aventura

Falaram tanto e tanto se perdeu na distração, no barulho, na tradução, na cultura, na emoção, na razão.
Não foram nada enquanto foram tudo deliciosamente errado.
Debateram política em lados opostos da história. Compraram passagens aéreas, cada qual do seu computador, pagando qualquer tarifa para irem juntos para o mesmo lugar. Divertiram-se com roteiros alternativos, aceitaram desafios, dançaram de forma sensual, mantendo-se alegres mesmo quando se despediam. Cozinharam juntos, sabendo que comida era amor.
Frequentaram casas. Ignoraram endereços.
Foram livres à sua maneira.
Andaram de mãos dadas pela rua, criminosamente amantes, levando os corações acelerados porque não sabiam o que eram nem o que seriam.
Mesmo fugazes e efêmeros, tiveram tudo.
Mas tudo era pouco e quiseram o impossível. Havia sempre mais a justificar um momento de olhar distante, aquele em que eram capazes de atravessar a rua sem nenhum cuidado.
Momentos distantes da realidade, em que os olhos miram o futuro pelo peito e veem o passado como se fosse assombrado e pudesse voltar para atrapalhar o sonho.
Arriscaram falar de amor, tirando os disfarces e correndo sob a chuva pelo campo aberto, buscando respostas para perguntas que não queriam fazer, apenas porque perseguiam o novo, a surpresa, o sorriso perdido que jurava voltar.
Escreveram cartas. De amor, de despedida, de explicações, bilhetes poéticos ou listas de compras.
Trocaram esperanças de compreensão e retribuição, sem se aperceberem da fonte esgotada, exaurida do tempo e da

espera que os olhos não mostram.

Foram felizes com o tudo que tiveram, mesmo sendo tão pouco do tudo, dose mínima de veneno que deixou apenas a história que eles mesmos leram.

Avião

Presa numa caixa voadora, vou deixando o pensamento fluir e as palavras se escrevem por elas próprias.

O tempo se encarrega das soluções.

Preciso de meia hora, às vezes mais, para organizar minhas ideias a ponto de falar delas.

Retribuir amor me custa, não porque eu não o tenha, mas porque não sei como fazê-lo. "É mais fácil dar amor do que receber amor...".

As razões não importam. É verdade, eu posso tentar diminuí-las, mas ainda persigo a verdade como a pista de pouso.

Olho pela janelinha.

Penso no calor dos braços daquele que, quando se deita no poço do sono profundo, me dá as costas, inocente, sem saber que se torna uma montanha intransponível a me inspirar fria e incontrolável distância.

Penso no caminho de volta à minha confortável solidão, tão arrependida de ter acreditado que deveria sair dela.

A tão cálida e doce solidão de quem tem os pés no chão e a mente livre de sonhos na fila das frustrações.

Afortunadamente, a curiosidade, maior e mais forte, leva-nos a voos cada vez mais altos.

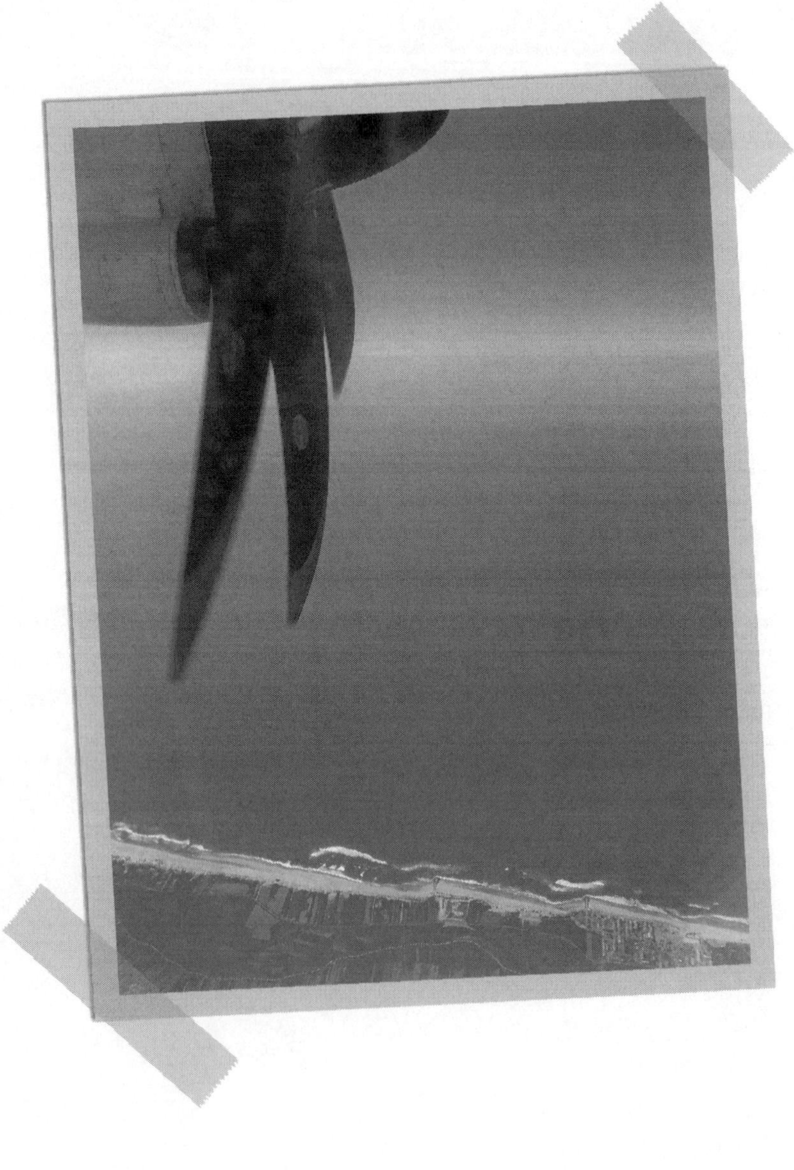

Nomes

E, por lembrar de José Saramago, por acreditar de novo, por achar que era lógico, por tantos motivos desde o começo, pensei que Portugal me chamava.

Da primeira vez, quando notei, surpresa, que não entendia nada do meu quase próprio idioma, não mudou muito. Há menção ao país no começo das cartas à minha filha. Foi o primeiro que ela conheceu, atrás do meu umbigo – segundo ela própria.

Por que volto a Portugal, se foi justamente ali que comecei a conhecer a solidão?

Não a melancólica, que vende antidepressivos, mas aquela atávica, que nos mostra como viemos e como vamos embora deste mundo. A solidão que arde no começo, mas fortalece o ser humano no tempo bem vivido, com a conquista do desafio de amadurecer só.

Onze anos se passaram entre a primeira visita e o presente deleite, e os nomes de lugares fiz questão de escrever em meu caderninho, para não mais me esquecer deles.

Volto a Portugal pelas mãos da perspectiva, para uma viagem só minha, usando o caminho de castelos, alcovas, conventos e tabernas. Tormentos, amores, escolhas, renúncias, entrega, coragem.

Turista, de forma quase desavergonhada interrogo insistentemente o futuro, querendo saber se essa poderia ser minha terra, me abrigar e me ensinar os truques da adaptação à segunda chance.

Fico olhando aquelas ruínas incríveis, pensando no que faziam as pessoas daquele tempo... provavelmente o mesmo que nós, só que com uma roupa menos confortável. Não eram tempos de sapatos com amortecedores! Já não havia "plano B" para certas coisas, continua não havendo e ainda não há reconstrução sem as ruínas.

Na mesa posta do castelo de Sintra, quase ouvi os sussurros dos comensais que tinham algo a esconder e as gargalhadas daqueles que com nada se preocupavam.

No Portinho da Arrábida, encantaram-me a simplicidade, a serenidade, o isolamento e a sobrevivência a ele. São poucas casas, poucas pessoas, um lugar pequeno para, como se de propósito e não apenas como metáfora, caber num coração. Fiquei ali alguns poucos minutos e saí rezando para que nunca me esqueça daquele vento e das sensações vindas com ele, por sorte registradas de modo sutil nas fotografias amadoras, mas felizes. Os sorrisos desses momentos devem curar até febre.

Évora.

Eu deveria escrever um capítulo à parte. Sempre quis ir a Évora e, agora que fui, quero voltar.

Queria ter podido parar o tempo em frente ao aqueduto, cuja vista privilegiada eu tinha de qualquer parte do hotel. Se foi coincidência ou se meu anfitrião sabia da minha paixão por aquedutos, talvez eu nunca saiba.

Évora merece os mais ricos detalhes.

Chegamos à noitinha, num clima cálido, perfeito para qualquer ser que quisesse se apaixonar, ainda mais quando soprasse aquela brisa fresca das noites do verão europeu. E o hotel se chamava Mar de Ar, exatamente como é o Alentejo, um mar de ar.

Horário apertado e, sem nenhum preparo – do jeito que eu gosto –, saímos correndo para jantar na Enoteca Cartuxa, que, descontados os atropelos da vida, foi minha melhor refeição em Portugal dessa vez. Lascas de bacalhau com ovos e batata palha, vitela com purê de nabos, queijo de ovelha, café com biscoitinhos. Vinho. Se não for isso, não sei bem o que é o amor.

Até o dia em que escrevi estas memórias, ainda não tinha saído totalmente do Alentejo. Mas é fato que no dia seguinte estava pisando nas areias de Peniche e Nazaré, compartilhando de recordações e nostalgia em Aveiro, comendo bacalhau no Batista. A caminho, afinal, do Porto. Esse lugar que traria à minha vida o afeto que eu jamais vislumbrara. Desde o primeiro copo de vinho, que por tantos anos manteve viva a minha lembrança fugaz, até o todo que lá me levou de volta tantas vezes.

Com o tempo, fui fazendo amigos, criando laços, conhecendo caminhos, planejando a próxima viagem. De alguma forma, o Porto foi me conquistando, devagar como se deve, intensamente como se pode. Avião que aterra, avião que decola, marcas na pista e mensagens de "até breve".

Vivi experiências, descobri coisas, visitei casas, sonhos e segredos. Falei de cinema, de planos, de lendas, de chás com plantas do quintal, nunca sem dar nada em troca, porque a vida é assim. Deixei amostras do meu melhor, mais puro, mais eu.

Contei os meus próprios sonhos e segredos, mas, como canta Maria Bethânia, a famosa brasileira, "toda palavra vale nada".

Desconhecidos

Ainda são muitos os desconhecidos que habitam a minha cabeça.

De alguns estive tão perto, como a Mulher com Gaiola, do húngaro József Rippl-Rónai, ou o cemitério russo da guerra, Piskaryovskoye.

A floresta de bambus, no Japão.

Terranova. O canadense imaginário Quoyle, personagem do livro *Chegadas e partidas*, de Annie Proulx, refugiou-se ali. Um dia vou conhecer esse lugar só por conta da sensação que tive ao ler sobre as suas tempestades.

Também me faltaram pessoas: algumas não estavam onde eu fui e outras partiram antes de eu chegar.

Difícil ver, dos lugares, as suas quatro estações e, das pessoas, todas as suas faces.

Música em Glasgow

Elejo minha música e meu perfume para cada viagem e acontecimento. É muito mais fácil relembrar os nossos momentos quando temos mais recursos sensitivos.

Em viagens de avião, o perfume perde a relevância, porque pode ser qualquer um que caiba na mala.

A trilha sonora, sim, esta é sempre importante.

Tentando me distrair no apertado voo da RyanAir a caminho de Glasgow, eu praticamente sabia qual seria a eleita e achei, na minha *playlist*, *Super Trouper*, do bom e velho quarteto sueco Abba. Quando estive na Suécia (claro que já fui ao país da banda), fiquei muito emocionada ao interagir justamente com essa música, tão presente na minha adolescência.

Na letra, a cantora, que estava em Glasgow, ligava para o amado e se dizia cansada de só comer, dormir e cantar. Ficava feliz em saber que ele estaria na plateia do próximo show.

Agora, eu também comia, dormia e cantava (principalmente quando bebia).

Não precisava ligar para o amado porque o pobre estava bem ao meu lado, tentando relaxar enquanto eu falava tudo isso. E, chegando à cidade, onde chovia e fazia frio, fiquei feliz por ter a mão dele para esquentar a minha.

Mesmo não sendo cantora, afinal, eu tinha minha música para Glasgow.

Era 31 de dezembro com tudo o que os finais de ano nos trazem. Um misto de esperança e melancolia, ansiedade e paixão. Geralmente é nesse dia que percebemos que o tempo não volta e agora é preciso ter pressa.

Uma vez protegidos por nossos casacos impermeáveis, saímos para andar e tentar achar um lugar para passar a virada do ano.

Fomos a uma casa de chá simples e aconchegante para começar com um café da manhã reforçado.

Iríamos depois ao museu, depois ao centro da cidade, depois almoçar, depois passear, depois conversar e sabe lá o que mais.

O museu estava fechado; o resto seria surpresa.

Mantivemos parte do plano e, assim que entramos no Hard Rock Cafe para o almoço, meu par me chamou a atenção para uma fotografia enorme dos Scorpions na parede oposta àquela a que nossa mesa se encostava. Como não estava lotado, trocamos de lugar e eu fiquei literalmente aos pés do guitarrista Rudolf Schenker. O *maître* viu minha empolgação e perguntou-me se eu era assim tão fã. Claro, respondi extasiada que sim. Gentil e discretamente, ele informou ao DJ da casa, que, por sua vez, selecionou algumas das músicas mais famosas da banda para tocarem nas horas seguintes.

Depois de tanta sorte, saímos para mais caminhadas e descobrimos que o lindo Glasgow Royal Concert Hall faria sua tradicional apresentação de final de ano, com as consagradas composições de Beethoven, Ravel e outros clássicos que se popularizaram pela genialidade.

A partir da metade do *Bolero*, eu me lembrei da minha formatura. O dia mais feliz da minha voltava bem ali, entrando pelos meus ouvidos.

Senti que eu habitava um momento muito especial. Ainda viria a folclórica melodia da gaita de fole a nos mostrar a parte mais original da cultura escocesa.

Eu saí do concerto de alma lavada, pronta para o ano novo que estava a minutos de distância.

Em um quarteirão descobrimos que não há comemorações em Glasgow. Compramos uma pizza, pegamos umas frutas no *lounge* do hotel. Assistimos na televisão aos festejos pelo mundo.

Meu par e eu recebemos juntos mais um ano, cada qual em seu silêncio do desejo de que aquele momento de graça se perpetuasse em nossas vidas.

Nesse tanto impossível, fomos dormir sob a pressão do iminente alvorecer, acreditando que todos os sonhos são infinitamente permitidos.

> "A vida é breve, mas cabe nela muito mais do que somos capazes de viver."
> **José Saramago**

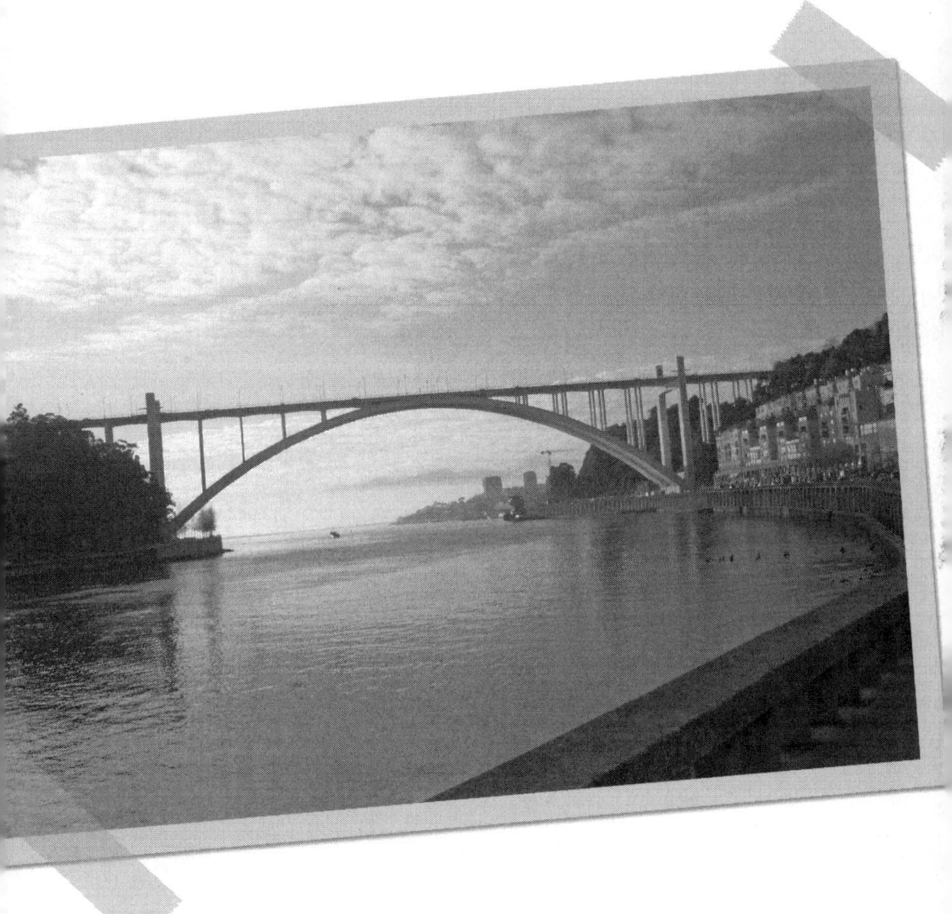

Este livro foi composto em Georgia 10/14
e impresso pela Pigma Gráfica e Editora Ltda. em papel
Pólen Bold 90g/m² da Cia. Suzano de Papel e Celulose